ÉTAT

DE

La Question sociale.

PARIS.—IMP. DE E.-B. DELANCHY,
Faub. Montmartre, 11.

ÉTAT

DE

LA QUESTION SOCIALE

EN ANGLETERRE,

EN ÉCOSSE, EN IRLANDE

ET EN FRANCE.

Par M. Cabet,

Ex-Député, ex-Procureur-Général.

A PARIS.

AU BUREAU DU POPULAIRE,
Rue J.-J. Rousseau, 14;
ET CHEZ LES PRINCIPAUX LIBRAIRES.

Juin 1843.

ÉTAT
DE LA QUESTION SOCIALE
EN ANGLETERRE,
EN ÉCOSSE, EN IRLANDE
ET EN FRANCE.

L'Angleterre et la France marchent ensemble à la tête du Genre Humain : le fait est incontestable.

Ce n'est pas pour elles un motif d'orgueil et de vanité ; car c'est le résultat de leur situation géographique et d'une foule d'autres circonstances fortuites qui les ont favorisées. Ce n'est pas surtout pour elles un droit d'humilier ou d'opprimer les autres Nations : c'est au contraire un devoir plus grand d'aider et d'éclairer le reste de l'Humanité, en pratiquant le principe de la Fraternité universelle.

Quand on examine la marche de ces deux Peuples, à l'avant-garde, on les voit continuellement agir et réagir l'un sur l'autre, s'instruire et s'entraîner réciproquement : tantôt c'est la France qui prend la tête de la colonne, tantôt c'est l'Angleterre qui s'avance au premier rang, tantôt c'est celle-ci qui donne l'exemple, tantôt c'est celle-là qui donne la leçon.

Peuple Anglais, Peuple Français, sont également opprimés par une Aristocratie qui prend tout sans rien laisser aux travailleurs, et qui s'efforce de les tenir dans l'ignorance et l'esclavage en les tenant dans la misère : tous deux gémissent également sous une vicieuse et détestable *Organisation sociale*, produit de la violence et de l'usurpation, qui méconnaît les bienfaisantes dispositions de la Nature mère commune de tous les hommes, qui viole tous les droits naturels, qui foule aux pieds tous les principes d'Égalité et de Fraternité proclamés par le Christianisme, et qui, basée sur l'infernal principe de l'égoïsme, de l'individualisme et de la concurrence, substitue le malheur de la masse au bonheur que lui destinait la Nature, la haine à la bienveillance, et la guerre ou la discorde à la paix et à l'union.

Les deux Aristocraties sont unies pour perpétuer l'esclavage du Genre humain : puissent les deux Peuples être unis pour faire triompher la Raison et la Justice, pour accomplir le vœu de la Nature, et pour amener une *Organisation sociale* qui assure le bonheur de l'Humanité !

Pour encourager leurs efforts, il n'est pas inutile de retracer leur marche progressive dans le passé, et leur situation présente sur la question sociale.

Ce ne sera qu'un rapide coup d'œil, une esquisse à grands traits.

CHAPITRE PREMIER.

Progrès respectifs

DE L'ANGLETERRE ET DE LA FRANCE.

Plus rapprochée de l'ancien foyer de la civilisation (Rome), la France est la première à respirer les principes de Liberté et d'Égalité. Dès le *IVe siècle* après J.-C., elle a sa vaste insurrection des *Bagaudes* ou Paysans serfs, qui, opprimés par l'Aristocratie romaine, accablés de misère, se lèvent en masse pour reconquérir, au nom de l'Évangile, l'Égalité et la Fraternité prêchées par le Christianisme.

Au IXe siècle, *Charlemagne*, en France, puis *Alfred-le-Grand*, en Angleterre, rétablissent les Assemblées nationales.

Au Xe siècle, la France a sa vaste insurrection des Bourgeois pour reconstituer les *Communes* qui, peu après, s'établissent en Angleterre.

Vers 1220, la France a ses *Albigeois* ou *Vaudois* qui s'insurgent pour reconquérir l'Égalité chrétienne.

Aux XIIe et XIIIe siècle, l'Angleterre reprend les devants en conquérant sa *Grande Charte* et l'admission des Députés des Communes dans le Parlement. — Mais bientôt après, en 1301, la France obtient le rétablissement des *États-Généraux* ou Assemblées nationales, et l'admission des Députés du *Tiers-État* ou des Communes.

Peu après, dès 1355, la France voit ses États-Généraux proclamer la souveraineté de la Nation, établir presque la République, refuser ou régler l'*impôt*. Puis, elle voit l'insurrection des Bourgeois de Paris sous la direction du Prévôt des Marchands et d'un Évêque. Puis (1358), elle a sa nouvelle insurrection des Paysans ou sa *Jacquerie*.

Peu après, en 1381, l'Angleterre voit aussi sa *Jacquerie*, excitée par un impôt illégal et excessif, et cent mille ouvriers, guidés par un forgeron (*Wat-Tyler*), s'emparent de Londres au nom de l'Égalité chrétienne. — Puis, en 1399, le docteur *Wiclef* et ses nombreux sectateurs appelés *Lollars* prêchent de nouveau l'Égalité en invoquant l'Évangile. — Puis, l'Angleterre secoue le joug du Pape, tandis que la France discute toutes les questions religieuses et civiles, sociales et politiques, au milieu des agitations de la *Réforme* ou du *Protestantisme*, de la *Ligue* et de la *Fronde*.

C'est l'Angleterre qui donne (en 1649) l'exemple de juger solennellement un Roi (Charles Ier), de le condamner et de l'exécuter. Elle proclame la République, qu'elle appelle *Common Weasth* (bien ou bonheur *commun*), tandis que ses *Puri-*

tains et ses *Niveleurs* demandent l'application de l'Évangile dans toute sa pureté, avec l'égalité de fortune ou l'abolition de l'opulence et de la misère.

C'est encore l'Angleterre qui donne (en 1688) l'exemple de chasser un Roi (Jacques II), de réunir une *Convention nationale*, d'accomplir une *Révolution* appelée *glorieuse*, de garantir la liberté dans un *Bill des droits* ou Constitution écrite, et de mettre en pratique la liberté de s'associer, de se réunir, de discuter, de parler et d'écrire, d'imprimer et de publier.

Avant et depuis cette époque, les Philosophes anglais, notamment le moine *Bacon*, *Thomas Morus*, *Locke*, et les Philosophes français, notamment *Rousseau*, *Montesquieu*, *Voltaire*, *Fénélon*, *Morelli*, *Mably*, *Helvétius*, *Condorcet*, répandent la lumière sur toutes les questions sociales et politiques.

Ce sont encore les Anglais des colonies dans le nord de l'Amérique qui donnent un troisième exemple de Révolution en se déclarant indépendants, en proclamant les Droits de l'homme et du citoyen, en instituant la République et la Démocratie.

Mais la France donne à son tour, en 1789 et en 1792, l'exemple d'une Révolution plus radicale et plus démocratique que toutes les Révolutions anglaises.

Le Peuple d'Angleterre manifeste hautement sa sympathie pour cette Révolution française, et organise, pour correspondre avec les Démocrates de France, des Sociétés à la tête desquelles on voit briller les *Fox*, les *Shéridan*, etc., et notamment une *Société de correspondance* fondée par le cordonnier *Hardy*. — Mais l'Aristocratie britannique jette la Grande-Bretagne dans une ruineuse et terrible guerre contre la France, pour asservir la Démocratie française, afin d'asservir, par contre-coup, la Démocratie anglaise.

A la paix, en 1814, l'Agitation démocratique recommence en Angleterre comme en France. Les questions d'organisation sociale sont discutées et propagées en Angleterre par *Robert Owen*, en France par *Saint-Simon* et par *Fourrier*.

C'est encore la France qui, par sa Révolution

de 1830, donne l'impulsion à l'Angleterre et l'aide à conquérir son *Reform-Bill*, ou sa loi de Réforme électorale et parlementaire, après que le Peuple a mis le feu à *Nottingham* et à *Bristol*. — Mais quoique cette Réforme donne plus d'un million d'Électeurs à la Grande-Bretagne, tandis que la France n'en a pas trois cent mille, elle ne profite néanmoins qu'à la Bourgeoisie, et le Peuple Anglais reste toujours, comme le Peuple Français, privé de droits politiques et accablé de misère.

De là les efforts simultanés des deux Peuples pour obtenir une meilleure Organisation sociale et politique. — Voyons le travail actuel de chacun d'eux.

CHAPITRE II.

État actuel de la Question sociale EN ANGLETERRE.

Aujourd'hui, l'Opposition en Angleterre compte trois espèces d'Associations ou de Partis : les *Chartistes*, la *Ligue contre la loi des céréales*, et les *Socialistes* ou *Communistes*.

On pourrait dire que l'Association *Chartiste* est une Association *politique*, parce que son but immédiat est la Réforme électorale et parlementaire, par conséquent une Réforme *politique*; mais son but final est la Réforme sociale, et par conséquent c'est la question *sociale* qui est l'objet de tous les efforts en Angleterre.

SECTION PREMIÈRE.

Chartistes.

Depuis bien long-temps, les ouvriers ont pour chaque profession, dans toutes les villes, des espèces de corporations ou de communautés sous le titre de *Trade's Unions* (Unions de l'Industrie ou du Travail), dont le but est de défendre leurs intérêts particuliers vis-à-vis les maîtres et patrons, et spécialement de maintenir ou d'augmenter le *Salaire*. — Chaque *Union* ou Corporation a son Comité, ses cotisations, sa caisse.

La loi, qui les tolère, leur laisse le droit et la liberté de se coaliser pour cesser le travail à l'effet d'obtenir une augmentation de salaire, pourvu que les ouvriers n'exercent aucune contrainte pour forcer leurs camarades ; mais la loi défend les sociétés *secrètes* et les engagements par *serments*.

Ces Unions sont donc étrangères à la *politique*, et leur caractère est purement *social*.

Pendant long-temps l'augmentation de salaire étant le seul remède que les ouvriers apercevaient à leur misère, cette augmentation était l'objet constant et presque exclusif de leurs pensées.

Mais, depuis le Reform-bill de 1832, qui prive encore le Peuple de tout droit électoral, la politique agita davantage les *Trade's Unions*.

En 1833, quelques laboureurs de la province de *Dorchester* furent condamnés à la déportation comme membres d'une société secrète.

En 1834, les ouvriers de Londres firent cause commune avec eux et se rendirent en grande procession au Parlement pour demander, en leur faveur, une amnistie, qui fut accordée.

Peu après, le Comité central des *Trade's Unions* à Londres décida que les Ouvriers demanderaient une augmentation de salaires ; que, pour réduire les Maîtres à l'accorder, ils cesseraient leur travail ; qu'ils seraient alors nourris par la Caisse, et que l'on commencerait par les *Ouvriers tailleurs* de la capitale, au nombre de plus de trente mille : mais les maîtres tailleurs, soutenus par l'Aristocratie, se coalisèrent comme les ouvriers, pour les subjuguer ; et quoique la Caisse eût plus de 500,000 francs, elle fut bientôt épuisée. Ce fut en vain que les ouvriers s'endettèrent pour prolonger la lutte : ils furent obligés de subir la loi des maîtres, et n'en furent que plus humiliés, plus ruinés, plus faibles.

Convaincus alors que la cessation de travail, et même l'augmentation de salaires, sont des remèdes impuissants, quelques ouvriers plus éclairés, *Lovet* à leur tête, organisent à Londres une petite société : *Work-men-Association* (Association de Travailleurs), qui se met en communication avec six des députés les plus radicaux, *O'Connel*, *Hume*, *Thompson*, *Leader*, *Roebuck*, *Hindley*. Ceux-ci rédigent ce qu'on appelle *la Charte du Peuple*, et organisent une vaste Association qui adoptera cette Charte et qu'on appellera l'*Association Chartiste*.

Cette *Charte du Peuple* contient six demandes, savoir :

1° Le suffrage universel ;

2° Le scrutin secret ;

3° L'éligibilité pour tous ;

4° Une indemnité pour les députés ;

5° Le nombre de députés à élire dans chaque localité proportionnel à la population ;

6° Des élections générales annuelles.

C'est à peu près, comme on le voit, le système des *Réformistes* en France.

Cette *Charte du Peuple* a l'avantage de concentrer toute la discussion, toute l'attention populaire, tous les efforts du Peuple, sur six principes simples, clairs, faciles à retenir, et dont peuvent sortir pacifiquement et légalement toutes les améliorations sociales ; car, une fois que le Peuple tout entier aura le pouvoir législatif, en élisant lui-même ses députés tous les ans et en élisant les hommes qui lui conviendront le mieux, il pourra faire, par leur moyen, toutes les lois nécessaires pour établir pacifiquement une meilleure organisation sociale et politique. Ces six principes sont donc la première conquête à faire pour arriver à d'autres conquêtes ; et c'est sur ces six principes qu'il faut d'abord former l'Opinion publique ; car comment le Peuple pourrait-il se mettre d'accord sur les autres points (plus nombreux et plus difficiles), s'il ne pouvait se mettre d'accord sur six des plus simples et des plus manifestes? — Mais comment faire adopter cette *Charte du Peuple?*

La loi d'Angleterre laissant du moins au Peuple l'inappréciable avantage de pouvoir s'associer, se réunir publiquement, discuter, parler, écrire, imprimer et publier, l'Association Chartiste fait imprimer et répand la *Charte Populaire*, en nombre si grand qu'elle est connue partout. Puis, une immense réunion (plus de 100,000) à *Birmingham* discute, adopte, et organise *l'Agitation* ou la discussion en envoyant partout des missionnaires qui organisent partout des Comités, des *Meetings* ou réunions pour discuter contradictoirement. Tous les Orateurs populaires (Députés, simples ouvriers) prennent part à la discussion, plus ou moins solennelle. — *Manchester* a une réunion de 400,000 personnes, la plus nombreuse qu'on ait peut-être jamais vue. — *O'Connor* fonde un journal, *Northern star* (Étoile du Nord), pour soutenir la Charte.

Bientôt le Peuple en masse adopte la *Charte populaire*, en Écosse comme en Angleterre. Les Irlandais viennent aussi de l'adopter (en 1842). — L'Association ne compte guère que cent mille sociétaires enregistrés comme payant la cotisation chaque semaine, mais elle compte plus de *huit millions* de Chartistes prêts à donner leurs signatures.

L'Association met d'abord en pratique, autant qu'il est possible, sa propre *Charte*. Elle a environ quatre cents *Comités locaux*, composés d'un secrétaire et de membres en nombre plus ou moins grand, correspondant avec un *Comité central* composé de cinq membres élus par toute l'Association. Ce Comité central reçoit jusqu'à quatre à cinq cents lettres par jour, et reçoit pour sa correspondance une somme considérable (jusqu'à 4,000 fr. par mois). L'Association a même une Représentation ou un Corps législatif appelé *Convention*, qui se réunit à Londres pendant la session du Parlement, qui discute, délibère, décide, fait des espèces de lois pour l'Association et publie des *adresses* ou *proclamations*, en chargeant de l'exécution le *Directoire* ou le *Comité central*.

Tous les fonctionnaires de l'Association reçoivent une *indemnité*, afin qu'ils puissent lui consacrer leur temps.

Les *Députés* à la Convention sont élus conformément à la Charte du Peuple.

La première Convention a lieu en 1839, et se compose de quarante-huit députés du Peuple. — Comme la coalition pour cessation de travail est légale en Angleterre, et comme il n'y a jamais eu que des cessations *partielles*, la Convention décide une *Cessation générale de travail*, en recommandant d'éviter toute espèce de violence. Mais, cette cessation de travail qui est exécutée pacifiquement, n'est pas encore assez générale et se trouve trop prématurée ; car la faim force les Ouvriers à reprendre leurs travaux pour vivre, avant que le ministère Wigh ait été réduit à leur faire aucune concession. Puis, tous les chefs Chartistes, au nombre d'environ cinq cents, sont poursuivis, arrêtés, condamnés sous prétexte qu'ils ont organisé la cessation générale de travail dans le but de renverser le Gouvernement.

Il n'y a pas de Convention en 1840 parce que tous les Chefs Chartistes sont alors prisonniers ou poursuivis. Toute l'activité de l'Association se trouve alors absorbée par la nécessité de secourir les Accusés et les Condamnés, pour lesquels on épuise la Caisse ; car la protection des persécutés est, avec raison, considérée comme le premier intérêt et le premier devoir. On soutient même leurs femmes et leurs enfants. On dépense alors plus de 150,000 fr. pour défendre les accusés, et plus de 25,000 fr. pour défendre spécialement *Frost*, l'un des chefs.

Quand un autre chef, le docteur *Mac-Donall*, sort de prison, tous les Comités (plus de 400) l'appellent pour le complimenter, et il visite successivement toutes les villes d'Angleterre et d'Écosse, notamment *Glascow*, où trois cent mille personnes se réunissent pour remercier un de leurs défenseurs.

La Convention de 1841 n'a que 12 membres, élus principalement pour demander une amnistie en faveur des Chartistes condamnés.

Celle de 1842 comprend environ cinquante membres.

Et celle de 1843 sera beaucoup plus nombreuse ; car une Convention extraordinaire, convoquée pendant l'hiver à *Birmingham*, comptait cinq cents députés du Peuple.

Mais, quels moyens l'Association emploiera-t-elle pour faire accepter la *Charte du Peuple* au Parlement et au Gouvernement ? Sera-ce la force ou la légalité? C'est la question que discutent la Convention et toutes les Réunions populaires en 1839 et 1840. — Un Bourgeois, de la secte des quakers, soutenu par un parti Bourgeois, demande la déclaration formelle que, jamais et dans aucun cas, les Chartistes n'emploieront la force pour faire accepter leur Charte ; mais, après une longue et vive discussion dans toute l'Angleterre, il est décidé que le Peuple ne peut ni aliéner ses droits ni s'enchaîner ainsi pour l'avenir, d'autant plus que le droit de *résistance* à l'oppression est un droit consacré de tout temps par la Constitution anglaise. On reconnaît néanmoins que l'intérêt du Peuple est d'éviter la violence et l'émeute, la conspiration et l'attentat ; et l'on décide unanimement qu'on épuisera toutes les voies légales et qu'on s'impose la loi d'éviter toute attaque contre les propriétés et contre les personnes. Ce principe devient l'esprit populaire, l'opinion publique et la règle de conduite adoptée par le Peuple entier : Aussi, dans la deuxième Cessation générale de travail (provoquée et organisée en 1842 par l'Association bourgeoise contre la loi des Céréales), quoique près de 6 millions d'Ouvriers soient sur le pavé, on ne voit pas la moindre violence ni contre les personnes ni contre les propriétés. Et cette modération n'inspire que plus de terreur à l'Aristocratie.

Quel inappréciable avantage de pouvoir ainsi discuter toutes les questions qui intéressent le Peuple ! Et aucune ne l'intéresse plus profondément ; car c'est en vain que les Députés à la tribune, les philosophes dans leur cabinet, les écrivains dans leurs grands journaux et leurs gros livres, discutent des *théories*, si, dans la *pratique*, un Parti ou quelques individus hasardent, compromettent et perdent tout par une émeute ou par un attentat, ou même par quelque violence individuelle. Si l'on pouvait se réunir en France comme on le fait en Angleterre, nous ne craindrions pas de braver nos préjugés révolutionnaires pour démontrer que la violence est contraire au véritable intérêt de la masse ouvrière, et que c'est le *courage civil* qui peut le mieux la sauver (comme nous l'avons prouvé dans notre *Ligne droite*) ; nous soutiendrions la discussion envers et contre tous ; et comme le Peuple, facile à tromper et à égarer quand on lui parle en secret, juge presque toujours bien et choisit le meilleur parti quand il entend les orateurs pour et contre, nous avons la conviction qu'il adopterait le principe des ouvriers anglais.

C'est donc par voie de *pétitions* que les Chartistes veulent faire accepter leur Charte.

La Pétition Chartiste, rédigée par la Convention, réunit, avec d'autres pétitions isolées, savoir :

En 1840.	1,500,000	signatures.
1841.	2,500,000	
1842.	4,500,000	

Et les *Irlandais* venant tout récemment d'adopter cette Charte, tout annonce qu'elle réunira en 1845 au moins. 6,000,000

Voilà un progrès dans l'opinion ! Voilà une opinion publique réelle, constatée, indubitable ! Voilà la *Voix du Peuple!* On peut dire hardiment *le Peuple veut!*

La Pétition de 1841 est presque adoptée par la Chambre des Communes, dont la dissolution est alors prochaine : la moitié des députés se prononce en sa faveur, et c'est la voix du Président qui, en détruisant le partage égal, fait décider le rejet. — Aujourd'hui la Chambre renferme soixante-dix Députés qui sont Chartistes.

La Pétition de 1842 est si volumineuse par ses signatures qu'il faut *trente-deux* hommes pour la soulever sur un large plateau. Elle est ainsi portée à la Chambre des Communes par ces trente-deux hommes, escortés par cinquante mille Chartistes, dont beaucoup ont avec eux leurs femmes et leurs enfants. — Le cortége est ordonné et dirigé par un *Comité*, à qui tout le monde a consenti d'obéir. — Loin de contrarier les dispositions de ce Comité, le Directeur de la Police met tous ses Agents sous sa direction, après avoir obtenu de lui la promesse que la tranquillité publique ne serait nullement troublée. — Six divisions, réunies sur six places différentes, se mettent en marche, en rangs, se donnant le bras, avec des bannières, précédées par leurs chefs à cheval. — Puis les cinquante mille Chartistes réunis, traversant plus de cent mille spectateurs, entourent la Chambre des Communes, tandis que les chefs vont présenter l'énorme Pétition au nom de plus de quatre millions de citoyens.

Et dans cette foule, pas un homme ivre, pas une pipe à la bouche, pas un cri, pas le moindre désordre !

Et les Chambres, les Ministres, la Presse, sont forcés de reconnaître et de louer la sagesse du Peuple

Voilà de la discipline, de l'ensemble, de l'unité ! Les chefs peuvent avoir confiance et s'engager ! Tandis qu'en France, faute de direction, d'ordre, de discipline (la Police empêchant, comme à dessein, toutes les mesures de sagesse et d'union), les hommes les plus influents redoutent et fuient tous les rassemblements.

Du reste, il est un autre fait bien remarquable, c'est que ces huit millions de Chartistes sont en même temps *Socialistes* ou *Communistes* : tous connaissent et adoptent le principe de l'Association ou de la Communauté; la réforme ou la réorganisation sociale est leur but; la réforme parlementaire ou la Charte du Peuple n'est que le moyen, la porte, la clé ; mais, sans combattre ni blâmer les Socialistes, tout en sympathisant au contraire avec eux, ils préfèrent ne s'occuper que de cette Charte et concentrent sur elle tous leurs efforts, bien résolus à s'en servir pour organiser légalement et pacifiquement la Communauté. Ainsi, les Communistes sont nombreux en Angleterre ! Et nous ajoutons tout de suite que les principes Communautaires qu'ils adoptent sont les mêmes que ceux du *Voyage en Icarie*.

Enfin, indépendamment de leurs réunions, de

leurs *adresses* et de beaucoup de petits écrits qu'ils publient, les Chartistes ont un journal *hebdomadaire*, *Northern star* (l'Etoile du Nord), fondé par un de leurs chefs, *Fergus O'Connor*, et lui appartenant. Et ici, nous pouvons faire encore une remarque bien importante.

Ce journal n'a pas toujours réuni l'assentiment de tous les Chartistes; mais ils l'ont soutenu, soit par reconnaissance de ce qu'il a commencé l'organisation chartiste, soit parce que la concentration de tous les efforts leur a paru d'une nécessité si capitale, qu'ils se sont toujours groupés et ralliés autour d'un journal unique, au lieu d'en créer plusieurs qui ne manqueraient pas de se tuer par la concurrence et d'amener les divisions et la confusion, quand rien n'est possible sans union et sans unité. Aussi, ce journal chartiste s'est-il tiré jusqu'à 60,000 exemplaires; et voilà comment un journal peut être utile au Peuple !

Indépendamment de la grande Association chartiste appelée *Association nationale*, on compte deux autres Associations chartistes :

1° L'Association pour le *suffrage complet*, fondée par un riche quaker, *M. Sturge*, et composée principalement de négociants, de banquiers, de capitalistes, d'électeurs, en un mot de la portion de la Bourgeoisie qui a des sentiments assez généreux pour fraterniser avec le Peuple, portion qu'on trouverait considérable en France comme en Angleterre, si l'on pouvait la rallier et l'organiser;

2° L'Association de *Lovet*, à Londres, qui comprend environ deux cents membres, et qui forme une espèce d'école normale pour étudier et propager la science politique et sociale.

Nous terminons sur les Chartistes en faisant remarquer qu'ils peuvent avoir bientôt une influence décisive dans les élections, car ils tiennent la balance entre l'Aristocratie Tory et l'Aristocratie Wigh, et peuvent la faire pencher du côté qui leur convient.

SECTION II.

Ligue contre la loi des céréales.

Il existe une deuxième grande Association fondée depuis peu, la *Ligue contre la loi des céréales*.

Deux Aristocraties pèsent sur le Peuple anglais,

l'Aristocratie nobiliaire et sacerdotale, qui possède presque tout le territoire et qui a intérêt à empêcher la libre importation des grains étrangers, et l'Aristocratie financière intéressée à la liberté du commerce des grains. Entre ces deux Aristocraties, on voit aujourd'hui la lutte au sujet de la loi des céréales. Pour triompher, l'Aristocratie commerciale fonde une *Association* ou *ligue*, beaucoup moins nombreuse que celle des Chartistes, mais plus riche et organisée sur le même plan, dont le Comité central, qui s'assemble à Londres dans le théâtre de *Drury-Lane*, dépense plus d'un *million de francs* pour inonder l'Angleterre de brochures destinées à éclairer tous les citoyens des campagnes et des villes sur le vice de la loi des céréales : il n'y a pas une maison qui n'ait ces brochures.

C'est cette Association, dirigée par les capitalistes, les grands négociants et les grands manufacturiers, qui organise, en 1842, la seconde *cessation générale de travail.*

C'est un grand manufacturier qui, subitement, sans que les Chartistes puissent le prévoir, donne l'immulsion et commence le mouvement en fermant sa manufacture et en déclarant à ses ouvriers qu'ils auront une *augmentation de salaire* s'ils obtiennent la fermeture des autres manufactures. Ces ouvriers vont dans une seconde manufacture qui se ferme, dont les ouvriers vont dans une troisième qui se ferme aussi et dont les ouvriers vont dans une quatrième, etc. En peu de jours, toutes les manufactures des cantons manufacturiers, à Manchester, Birmingham, etc., sont fermées, et des millions d'ouvriers sont dans les rues avec leurs femmes et leurs enfants, sans commettre la moindre violence.—Les Manufacturiers gagnent à cela : 1° de ne pas payer leurs ouvriers; 2° de vider leurs magasins encombrés de produits fabriqués; 3° l'espérance que le Ministère sera forcé d'accorder la liberté du commerce des *grains*. Ils ont grand soin de se tenir en arrière, de ne se compromettre en rien et de se tenir prêts à exploiter les évènements. — Mais les Chefs Chartistes, surpris et devancés par le mouvement, se jettent alors au milieu des ouvriers pour substituer la question générale de la *Charte* à la question partielle des *salaires* ou des *grains*. La Convention chartiste s'assemble à la hâte à Manchester, et l'un de ses plus anciens Chefs, le docteur *Mac-Donall*, signe une adresse ou proclamation imprimée et affichée, par laquelle il exhorte le Peuple à éviter toute espèce de violence, mais à demander la Charte populaire, et à retirer son argent de la Caisse d'épargne afin de pouvoir vivre et prolonger sa cessation de travail.

Mais bientôt arrivent de Londres les soldats et les agents de police, qui, avant que les rassemblements aient le temps de se disperser, se précipitent avec leurs armes sur le Peuple sans armes, assomment et fusillent, blessent et tuent des hommes et des femmes, des vieillards et des enfants. Cette population des districts manufacturiers, qui ne connaît ni le fusil ni la poudre, fuit de tous côtés devant la force jointe à la férocité. Mais bientôt la terreur fait place à la colère, à la fureur, à la vengeance; et comme la loi permet la *résistance* à l'illégalité, le Peuple, s'armant de pierres et de bâtons, écrase de sa masse et de son poids la Police; puis, terrible et rapide comme la tempête, il détruit ou brûle les maisons des Autorités qui l'ont illégalement fait massacrer. Alors tout se calme; les ouvriers, pressés par la faim, rentrent dans leurs ateliers; et les arrestations commencent, non contre les Chefs de la *ligue* qui sont les premiers instigateurs du mouvement, mais contre les Chefs Chartistes qui sont intervenus pour la Charte et la modération; on promet même une forte récompense à quiconque fera arrêter le docteur *Mac-Donall*, signataire de la proclamation imprimée, qui néanmoins parvient à se réfugier en France, parce qu'il ne se trouve pas un lâche pour se laisser corrompre, pas un traître pour dénoncer un défenseur du Peuple.

Le Jury acquitte plus de la moitié des accusés, en déclarant que les Chartistes avaient le droit de s'associer, de se réunir et d'exhorter le Peuple à s'abstenir de travail pour obtenir la Charte sans violence. — Le docteur *Mac-Donall* et treize autres chefs sont seuls renvoyés devant le *Banc de la Reine* qui va bientôt les juger, après avoir déjà rendu quelques décisions préparatoires qui font espérer l'acquittement définitif.

Avant de terminer sur ce point, remarquons plusieurs faits importants : 1° les Chartistes épuisent de nouveau leur caisse pour soutenir et défendre leurs prisonniers ; 2° pour la première fois peut-être, des soldats ont refusé, pendant la cessation de travail, de faire feu sur le Peuple, tant le Chartisme excite de sympathies dans l'armée elle-même, non-seulement parmi les soldats, mais encore parmi les officiers; 3° les soldats ressentent contre la Police la même antipathie que l'armée française ressentait contre les Suisses de la garde royale. Aussi, les rixes et les batailles sont très-fréquentes entre les soldats et la Police, et toujours les soldats appellent le Peuple et se mettent à sa tête pour aller attaquer la Police dans ses stations ou casernes, qui sont ordinairement démolies et détruites. C'est ce qui vient d'arriver tout récemment à Manchester.

SECTION III.

Socialistes ou Communistes.

A côté de la grande Association Chartiste se trouvent un grand nombre d'Associations pour le *Socialisme* ou le *Communisme*.

Toutes ont pour but une nouvelle *Organisation sociale* et la destruction de la misère ou du paupérisme.

Toutes adoptent le principe de l'*Association* et de la *Communauté*.

C'est *Robert Owen* qui commença la prédication de ces principes dès avant 1817.

De 1817 à 1840, l'*agitation* (comme on dit en

Angleterre) où la *propagande* marcha lentement quoique progressivement.

En 1840, elle devint plus active et plus générale.

Aujourd'hui, il n'y a presque aucune ville en Angleterre qui n'ait une Association de ce genre.

Ce sont les Bourgeois surtout qui sont *Socialistes* et *Communistes*.

Aussi, quoique moins nombreux que les *Chartistes*, ils ont une caisse plus riche; leurs principes sont moins égalitaires, moins démocratiques, moins populaires.

Quelques-uns ont des systèmes différents et forment des sectes distinctes.

La principale est celle fondée et dirigée par *Robert Owen*.

Les *Socialistes* ou *Communistes* sont organisés à peu près comme les *Chartistes* : ils ont leurs *Comités locaux*, leur *Comité central*, leurs *Élections*, leur *Convention* ou leur *Congrès annuel*, leurs réunions publiques ou leurs *meetings*, leurs discussions, leur journal hebdomadaire, *New moral World* (le Nouveau-Monde moral), qui s'est tiré jusqu'à 50,000 exemplaires, et beaucoup de brochures.

Ils ont même des *halls* ou grands édifices, dans lesquels se trouvent de vastes salles pour des réunions, pour des cours sur les sciences sociales et politiques, pour des bibliothèques où l'on peut lire les écrits et les journaux.

Et le *Socialisme* ou le *Communisme* est déjà si répandu et si riche, que dans toutes les grandes villes il a acheté des terrains et construit des *halls*.

Si pareille liberté d'association, de réunions publiques, de discussion orale et de propagande écrite, existait dans notre France, nous aurions bientôt des millions de Communistes ! Car il faudrait bien que les adversaires discutassent au lieu de dénaturer et de calomnier; et, dans de grandes réunions, la mauvaise foi serait couverte de confusion et de honte, comme l'erreur serait réduite au silence. En moins de deux ans, le Peuple entier serait Communiste, la Bourgeoisie le deviendrait aussi. Et l'on n'aurait à craindre ni les Sociétés secrètes, ni les émeutes !

Si les Socialistes anglais avaient consacré à la

propagande orale et écrite les sommes très-considérables qu'ils ont recueillies, les principes auraient fait beaucoup plus de progrès encore, soit en Angleterre, soit en France et dans les autres pays ; mais on a commencé (trop tôt, selon nous) des *experiments* (essais) qui ont arrêté la propagande en épuisant la caisse.

Indépendamment des premiers essais faits anciennement à *New-Lannarck*, en Écosse, et à *New-Harmony*, en Amérique, par *Robert Owen* qui y a dépensé toute sa fortune (1,200,000 fr., dit-on) ; indépendamment d'un autre essai à *Orbiston*, en 1825, et d'un établissement industriel et commercial fondé à Londres, en 1832, sous le titre de *Equitable échange du travail*, les Socialistes fondent aujourd'hui plusieurs Communautés partielles, sur des terrains plus ou moins spacieux.

Le principal essai est celui fondé par Robert Owen, en 1839, sous le nom d'*Harmony Hall*, dans le comté de *Koints*.

Là, on a loué et acheté un vaste terrain composé des anciennes fermes de *Queen-Wood* et de *Titherly*, et l'on a dépensé plus de 400,000 fr. pour construire une espèce de petit Phalanstère destiné à recevoir 200 personnes, hommes, femmes, enfants, qui sont obligés de payer jusqu'à 1,200 fr. par famille pour leur admission.

Mais que peut prouver un établissement si restreint, quand il s'agit d'organiser toute une Nation en Communauté ?

On y montre une culture plus perfectionnée, un jardin mieux cultivé, une cuisine mieux organisée; mais toutes ces améliorations et bien d'autres sont faciles à concevoir, sans qu'il soit nécessaire de faire une si grande dépense.

Le système d'*Harmony Hall* est si favorable à la Bourgeoisie et à l'Aristocratie elle-même, que le *Morning-Chronicle*, principal organe du Ministère, en parle journellement et le loue sous beaucoup de rapports.

C'est là que le *Congrès* se réunit chaque année, après s'être réuni d'abord à *Birmingham*, à *Manchester*, à *Londres*.

Cependant le Socialisme ou le Communisme n'a pas encore fait en Angleterre les progrès que, avec tant de moyens de propagande, il aurait dû faire ; et voici les principales causes qui l'ont arrêté :

1° Soit dans la théorie, soit dans les essais pratiques, l'Égalité, la Fraternité, la Démocratie, ne dominent pas assez. Les produits s'y partagent inégalement et les Capitalistes ont la plus grosse part, comme dans le Fourriérisme et comme dans le Phalanstère de Cîteaux. Puis le Gouvernement de la Communauté, en quelque sorte imposé à celle-ci, est patriarchal et absolu, comme dans le Saint-Simonisme et comme à Cîteaux; aussi, les Aristocrates et les Bourgeois consentiraient à de pareilles Communautés, dans lesquelles ils auraient toujours la supériorité de fortune et de pouvoir. Mais les Chartistes, qui sont Communistes démocrates, repoussent une organisation aristocratique ou bourgeoise, et la Démocratie commence à dominer dans le Congrès socialiste ou communiste. Robert Owen, précédemment élu Gouverneur de *Harmony Hall*, et qui préférait une organisation en quelque sorte aristocratique ou bourgeoise dans l'espérance d'attirer la Bourgeoisie, l'Aristocratie, et même les Princes et les Rois, vient de se retirer devant la majorité démocratique du Congrès, conservant toujours la reconnaissance, l'affection et le respect des Associations.

2° La chute des premiers essais à *New-Harmony* et à *Orbiston*, et de l'établissement fait à Londres, sous le titre d'*Equitable Echange*, a dégoûté les esprits superficiels. Et voilà le grand inconvénient des essais prématurés, qui n'ont pas tous les immenses moyens nécessaires pour le succès!

3° Les Socialistes attaquent et détruisent même la Religion et le Culte, soit dans leurs discussions théoriques, soit dans leurs essais pratiques; et par là, ils blessent un préjugé général et puissant.

4° Tandis que les Chartistes tolèrent les Socialistes et vont dans leurs réunions pour discuter avec eux, ceux-ci condamnent l'existence des Chartistes et leur font la guerre. C'est précisément le contraire de ce qui se passe en France, où les Communistes tolèrent les Réformistes, tandis que ceux-ci leur font une guerre acharnée. Sous un autre point de vue, c'est comme en France, car, dans les deux pays, c'est une partie de la Bourgeoisie qui fait la faute de se montrer intolérante avec le Peuple.

Mais les Chartistes disent avec raison aux Socialistes : « Quoi ! vous voulez détruire la *concurrence* dans la grande Société, et vous commencez par nous faire une implacable *concurrence!* »

5° Une autre cause qui entrave à la fois le Socialisme ou le Communisme et le Chartisme, c'est la jalousie, la rivalité et l'ambition des chefs, c'est la vanité et l'orgueil. On peut dire que c'est un des principaux caractères de notre époque, en Angleterre et en France, et c'est l'effet presqu'inévitable d'abord de la propagation des principes d'égalité et de l'accroissement des lumières parmi le Peuple, qui compte dans son sein beaucoup plus d'hommes de talent que jamais; c'est un mal passager naissant d'un grand bien.

On a vu en Angleterre un jeune ouvrier, très-remarquable par son talent oratoire, se laisser séduire par les flatteries et les caresses de la Bourgeoisie jusqu'à dédaigner ses camarades et déserter la cause de ses frères.

Mais les divisions qu'enfantaient la présomption, la vanité et l'ambition, sont déjà bien affaiblies; les grandes rivalités entre les Bourgeois et le Peuple, le Peuple Anglais et le Peuple Irlandais, disparaissent de jour en jour pour faire place à l'union contre l'Aristocratie, en faveur d'une meilleure organisation sociale.

Nous allons en voir deux exemples, dans la question de la durée du travail et dans la question d'Irlande.

Diminution de la Durée du Travail.

Dans les grandes manufactures, les ouvriers travaillaient jusqu'à 16 heures par jour; les jeunes enfants et les femmes même étaient exténués de fatigue, et l'Angleterre, pays de l'industrie par excellence, servait de modèle en ce point à l'Amérique, à la France, etc. On sent tous les inconvénients!

Depuis plus de 20 ans, l'opinion publique réclamait contre cet usage homicide; la question était en *agitation* ou en discussion.

La Chambre des Communes avait ouvert une *enquête*, interrogé une foule de *médecins*, de *manufacturiers*, etc.

Le Gouvernement présentait enfin un projet de bill ou de loi pour interdire le travail des enfants avant 8 ans et pour limiter à 6 heures le travail des enfants au-dessous de 13 ans, et à 12 heures celui de tous les ouvriers.

Mais une grande réunion des délégués de tous les grands manufacturiers, à laquelle assistait plus de la moitié de la Chambre des communes, vient de discuter la question (les 16 et 17 mai), et de décider qu'il convenait de ne permettre le travail des enfants qu'à 10 *ans*, et de limiter à 10 *heures* le travail de tous les ouvriers indistinctement. Et cette résolution est motivée sur l'intérêt de l'humanité, de l'éducation, de la moralité, de la santé, etc.

Voilà une grande amélioration sociale !

Voilà qui fera sentir à toute l'Europe la nécessité des Réformes sociales !

Nous allons voir l'Ecosse et l'Irlande y marcher à grands pas.

CPAPITRE III.

Etat de la Question sociale

EN ÉCOSSE.

Les Ecossais, au nombre de deux millions cinq cent mille, sont un Peuple très-pieux, chez lequel le principe religieux domine le principe civil et social, en sorte que c'est le principe d'égalité et de fraternité consacré par l'Évangile qui le dirige constamment dans ses vues d'organisation sociale. Aussi, la Monarchie en Ecosse est une Monarchie républicaine ; et quoique l'Aristocratie y soit puissante, la tendance générale et constante des esprits est vers la Démocratie.

L'instruction y est très-répandue : tous les enfants vont à l'école commune, les pauvres gratuitement, les riches en payant. On ne trouverait peut-être pas un seul individu, homme ou femme, au-dessous de cinquante ans, qui ne sache lire et écrire, mais on y trouve beaucoup de savants; l'éducation y est considérée comme la première fortune; c'est pour elle que les familles font le plus de sacrifices; et c'est la classe la plus pauvre qui fournit le plus d'hommes instruits pour être instituteurs, ministres d'église et magistrats; presque tous les savants les plus illustres sont sortis de cette classe.

L'opinion publique y marche lentement, mais progressivement et constamment : c'est la raison plutôt que la passion qui dirige, et le progrès n'y rétrograde jamais.

Les crimes y sont très-rares; le vol y est inconnu dans beaucoup de provinces. Aussi, lord Russel déclarait-il qu'il accorderait sans hésiter le *suffrage universel* aux Ecossais.

A l'époque de l'établissement du Protestantisme, l'immense majorité des Ecossais adopta la Réforme et constitua l'Eglise *presbytérienne*, différente de l'Eglise anglicane. Chaque paroisse a un Ministre nommé par le Gouvernement, et un Conseil composé de membres *élus par le Peuple.* Il n'y a *point d'Evêques*, aucun supérieur, mais une Assemblée générale annuelle, une espèce de Parlement ecclésiastique, composé de Députés élus parmi les Ministres (ou Curés) et parmi les Conseils, qui représente toute l'Eglise et qui décide toutes les questions qui l'intéressent.

Lors de la Réforme, l'Aristocratie s'est emparée de tous les biens de l'ancienne Eglise catholique, à la condition de payer l'entretien du Ministre et de l'école. C'est donc l'Aristocratie ou le Gouvernement qui paie les Ministres.

A côté de l'Eglise presbytérienne se sont établies un grand nombre d'Eglises *dissidentes* ou *volontaires*, dont les principes sont plus démocratiques, et dont les Ministres sont élus et payés par leurs coreligionnaires.

Ces principes démocratiques gagnant continuellement dans les esprits, l'Eglise presbytérienne elle-même vient de se scinder en deux fractions, et sa majorité vient de se déclarer dissidente, volontaire, indépendante, dans l'Assemblée générale annuelle à Edimbourg.

Là, le Président de l'Assemblée ou du Parlement ecclésiastique, d'accord avec deux cents membres formant la majorité, vient de déclarer, en face du Commissaire représentant la Reine, assis sur un trône, qu'ils ne reconnaissaient pour leur Roi que *Jésus-Christ*, que désormais ils seraient élus et payés par le Peuple, et qu'ils se considéraient comme les égaux de la Reine.

Et pour le montrer, le Président, déclarant la session terminée, et mettant son chapeau sur sa tête, est sorti solennellement, suivi de toute la majorité défilant gravement, sur trois de front, la tête couverte, devant le trône.

Quatre cents Ministres adhèrent presque aussitôt à cette séparation, qui consomme une grande révolution religieuse, tandis que les Chartistes écossais demandent la Réforme politique et sociale, que doit inévitablement amener le principe universellement invoqué en Ecosse de la Fraternité évangélique.

Et remarquons que les Chartistes écossais ont des *Eglises chartistes*, des *Prêtres chartistes* qui prêchent la Réforme sociale, tandis que, dans notre France, aucune église ne peut s'ouvrir qu'avec la permission de la Police!

CHAPITRE IV.

État de la Question sociale

EN IRLANDE.

L'Irlande est un des pays les plus fertiles et les plus sains : on n'y trouve presque aucun insecte ou reptile venimeux, aucun animal nuisible. La Nature y a tout fait pour rendre l'homme heureux; mais l'Organisation sociale fait tout pour y créer la plus horrible misère.

Long-temps royaume indépendant, elle fut *conquise* par les Anglais après une longue lutte, d'horribles massacres, une famine préméditée, etc.

Elle conserva d'abord son Parlement séparé; mais l'*Union* ou l'incorporation avec l'Angleterre fut ensuite prononcée pour l'Irlande comme pour l'Ecosse, de manière que les trois Parlements n'en firent plus qu'un.

Long-temps les Irlandais furent déclarés incapables de toutes fonctions publiques, sous prétexte qu'ils sont *catholiques*. Ce bill contre les

Catholiques fut révoqué avant 1830, et les Irlandais ont aujourd'hui des Députés dans le Parlement britannique. Mais l'Irlande n'en est pas moins traitée comme un pays conquis, subjugué, asservi, exploité, opprimé, spolié.

Partout, en Europe, l'Organisation sociale porte l'empreinte de la *conquête*; mais nulle part la violence, l'usurpation, l'oppression, n'ont conservé autant d'empire qu'en Irlande : l'Irlandais est véritablement l'*ilote* des temps modernes.

On compte environ huit millions de *Catholiques* en Irlande et deux millions de *Protestants*. Les premiers sont les anciens habitants vaincus, conquis, subjugués ; les seconds sont des Anglais conquérants, ou leurs partisans, leurs amis et leurs complices.

Presque tout le territoire (les 9/10) appartient à l'Aristocratie anglaise ou protestante. Chaque Aristocrate a d'immenses propriétés, cultivées pour lui par d'innombrables petits fermiers qui sont comme des ilotes, ou des esclaves ou des serfs. C'est en Angleterre que le Seigneur-propriétaire va manger et dépenser ses revenus. Et tous sont si riches qu'ils n'ont pas d'intérêt à ce que la terre soit toute cultivée et bien cultivée. Aussi les marais occupent-ils une énorme étendue de terrain qui pourrait être extrêmement productif, et qui ne donne que de la tourbe servant habituellement au chauffage. Il semble que cette Aristocratie conquérante veuille tenir les vaincus dans la misère, l'ignorance et l'abrutissement, pour être plus sûre de leur soumission. Impie et sacrilége envers la Nature, inhumaine et barbare envers les hommes, elle condamne à la stérilité une terre que la Nature a faite pour être féconde, et au malheur une population que la Nature a créée pour être heureuse.

La masse des Irlandais végète dans la plus affreuse misère, n'ayant pour toute *nourriture* que des pommes de terre bouillies, quelquefois de la farine d'avoine et du lait ; pour *vêtement* que des haillons formés de mille pièces qui couvrent à peine les principales parties de leur corps, sans bas et sans chaussure ; pour *logement* que des huttes sans cheminées et presque sans meubles, où le père, la mère, de nombreux enfants et le cochon, couchent pêle-mêle sur de la paille.

Leur seule jouissance de luxe est le *tabac*, et

surtout le *wiski* ou eau-de-vie très-forte faite avec du grain.

Le Vice-Roi, tous ses fonctionnaires, tous ses employés, tous les collecteurs d'impôts, tous les soldats, tous les gendarmes, sont Anglais et Protestants, ainsi que leurs Evêques et leurs Prêtres : c'est une véritable occupation militaire. Et, pour prévenir toute résistance, le Catholique est désarmé, tandis que le Protestant seul a la liberté d'avoir des armes et des munitions.

Les Irlandais ont aussi leurs Evêques et leurs Prêtres catholiques, payés exclusivement par eux ; mais ils sont en outre obligés de payer la *dîme* pour l'entretien des temples protestants qui ne leur servent à rien, et des prêtres protestants qui sont leurs conquérants et leurs ennemis ; et quand ils ne paient pas cette dîme ou les autres taxes, les collecteurs et les soldats viennent enlever leurs récoltes, leurs bestiaux et leurs meubles.

Depuis quelque temps, l'Aristocratie adopte l'usage de réunir un grand nombre de petites fermes pour ne former qu'une grande exploitation, afin d'en tirer un plus riche revenu. Pour y parvenir, elle expulse les petits fermiers, brûle les huttes, et jette ainsi sur la grande route des troupes de malheureux, de femmes et d'enfants.

Mais la mendicité est prohibée par la *loi sur les pauvres*, et l'on enferme ces victimes dans des *maisons de travail* qui sont de véritables prisons, où le mari est séparé de sa femme, où le père et la mère sont séparés de leurs enfants, ce qui fait le supplice de ces hommes chez qui la Nature et la Religion conservent dans toute leur force les sentiments de la famille.

Aussi des masses d'Irlandais émigrent en Amérique, ou se vendent comme soldats (qu'on eloigne de leur patrie), ou inondent l'Angleterre et l'Écosse pendant le temps des récoltes pour se louer à bas prix, ce qui profite à l'Aristocratie anglaise et nuit au Peuple d'Angleterre.

Cependant, les Irlandais n'ont jamais subi le joug qu'avec impatience; cent fois l'émeute ou l'insurrection a protesté contre leur asservissement; et l'on peut dire que leur résistance est permanente.

Mais, quoique ce Peuple soit grand de taille,

robuste de corps, belliqueux et courageux, les Protestants qui le dominent avec le secours d'une armée anglaise (plus de 20,000 hommes, tandis qu'il n'y a que 10,000 soldats pour l'Angleterre) sont, par suite de leur richesse, de leur meilleure nourriture et de leur éducation, plus grands encore, plus robustes, plus instruits, plus adroits et généralement supérieurs en tout; et l'insurrection est toujours étouffée. Chaque insurrection vaincue augmente même la force du vainqueur.

Plus faibles pour le combat contre un oppresseur qui a l'incalculable avantage de la fortune, de l'organisation, de l'armement et du pouvoir légal, les Irlandais sont contraints de chercher leur appui dans l'Association et surtout dans la *Société secrète*. Leurs prêtres, qui font complètement cause commune avec eux par antipathie contre le protestantisme, qui se montrent humains, zélés, dévoués dans les combats comme dans la famine ou les maladies, qui par suite leur inspirent des sentiments de reconnaissance, de confiance, de respect et d'obéissance, forment en quelque sorte leur véritable *Gouvernement national*.

Leur Société secrète, qui s'étend partout, est

organisée d'une manière terrible. Elle institue un *tribunal nocturne* qui ressemble à l'ancien *tribunal secret* institué par l'Aristocratie de Venise, qui s'assemble en tout lieu et qui prononce la peine de mort contre l'*Aristocrate* oppresseur, ou contre son *Agent* (car les Aristocrates fuient l'Irlande et s'y font remplacer par des Agents ou Intendants) ou contre son *fermier*. L'exécuteur est désigné par le sort et pris dans un canton voisin pour qu'il ne soit pas reconnu. Il exécute la sentence avec une arme quelconque, dans la maison ou dans tout autre endroit, la nuit ou en plein jour, sans craindre des témoins dont aucun ne le connaît ou ne veut le dénoncer, car le dénonciateur serait condamné et exécuté. Un traître surtout n'échapperait pas au supplice.

Le tribunal nocturne condamne aussi des bâtiments, manufactures, etc., à la destruction par le feu ou de toute autre manière.

Il n'y a pas de semaine et presque pas de jour sans condamnation et sans exécution.

C'est l'Anarchie, la guerre civile ténébreuse, le désordre perpétuel à la suite de la conquête et de l'oppression.

On devine les désastreuses conséquences pour

l'agriculture, l'industrie, le commerce, la civilisation. Point de grands établissements dans la campagne, point de grandes usines ou manufactures, point de chemins de fer, parce qu'un arrêt du tribunal nocturne pourrait les détruire inopinément et engloutir d'énormes capitaux.

Quelqu'un ne peut-il ou ne veut-il payer l'impôt ou la dîme, les Collecteurs arrivent avec la gendarmerie pour saisir la récolte ou le bétail ou le mobilier; mais toute la population du voisinage accourt pour protester par ses murmures. Quelquefois le magistrat anglais les fait fusiller comme si c'étaient des chiens, au risque d'être condamné et exécuté par le tribunal nocturne; mais souvent aucun acheteur ne se présente, dans la crainte du terrible tribunal.

Et toute la troupe dévorante des conquérants est intéressée à la misère de l'Irlande; car la misère amène les émeutes, et plus l'agitation est grande, plus il y a, pour l'Aristocratie et pour les employés anglais, d'avancement, de récompenses et de profits.

Mais la résistance a changé de caractère et de

système : depuis quelque temps, les Irlandais cherchent leur délivrance et leur salut dans les voies légales et pacifiques.

O'Connel, l'un des avocats de Dublin les plus occupés (gagnant jusqu'à 20,000 l. st. ou 500,000 fr. par an), se constitue l'avocat ou le défenseur ou l'agent du Peuple Irlandais. D'accord avec le Clergé catholique, soutenu par lui, il organise l'Agitation ou la discussion publique dans de grandes réunions pour obtenir le rappel ou la révocation du bill contre les Catholiques. De là, son titre de *Grand Agitateur*. Il réussit, en 1829, en concentrant ainsi tous les efforts sur un seul objet, et reçoit du Clergé et du Peuple le glorieux titre de *Libérateur*.

Pour qu'il puisse se consacrer exclusivement à la défense des intérêts de l'Église et du Peuple, on décide qu'on se cotisera, chaque année, pour lui offrir une rente ou pension ou traitement. C'est un Comité qui fixe le jour ; ce sont les prêtres qui l'annonçent, qui exhortent leurs paroissiens à se cotiser, et qui ouvrent, dans leurs églises, des troncs où chacun, même le plus pauvre, dépose son offrande, petite ou grosse. La cotisation annuelle s'élève de 12,000 à 40,000 l. st. (de 300,000 fr. à 1,000,000). On lui achète en outre un beau domaine.

Mais *O'Connel* est élu Député de l'Irlande au Parlement; et la Députation irlandaise, élue généralement sous son influence, se groupe autour de lui. Il est en quelque sorte le Représentant du Peuple irlandais.

Bientôt il devient un des chefs du radicalisme anglais, un des rédacteurs de la *Charte du Peuple;* et quand il se rend à l'invitation des principales villes d'Angleterre et d'Écosse, sa marche à travers les deux pays est une véritable marche triomphale

Pour préparer les Irlandais à la conquête des réformes sociales, il leur propose de commencer par se *réformer eux-mêmes*. Et comme leur habitude de s'enivrer avec du *w'ski* est une des principales causes qui les affaiblissent et les livrent à leurs bourreaux, il organise une société de *tempérance* qui compte bientôt cinq millions de membres. Honneur au Peuple qui sait ainsi se rendre capable et digne de la liberté ! Voilà l'un des plus beaux résultats de l'Association et de la discussion publique ! Et nous en France !... Ah ! si nous étions libres, que de choses nous ferions aussi !

Après avoir vainement demandé *justice* pour l'Irlande au Gouvernement et au Parlement, *O'Connel* parle enfin du *rappel* ou de la *révocation* du bill de l'*Union* des trois Parlements, c'est-à-dire du rétablissement du Parlement irlandais, séparé, indépendant ; et pour l'obtenir, il organise une grande Association, une grande Agitation, de grandes réunions, de grandes discussions. Heureux Peuple, malgré sa misère, puisqu'il conserve le droit de s'associer, de se réunir, de discuter, pour reconquérir pacifiquement tous ses autres droits !

Cependant l'Aristocratie anglaise déclare qu'elle maintiendra l'*Union* par le fer, le feu, l'échafaud, et menace de dissoudre et d'empêcher les réunions et les associations.

Dans un banquet, à *Mussingar*, pour la révocation de l'Union, l'Évêque d'*Argagh*, vénéré de tout le Clergé, déclare que tous les Évêques sont prêts à se *faire assiéger* dans leurs églises et à *mourir sur l'échafaud* pour obtenir la révocation de l'Union, qu'ils font cause commune avec le *Libérateur* contre l'Aristocratie qui ne leur inspire que du mépris, et qu'ils ne cesseront l'agitation que lorsque le *Peuple n'aura plus rien à réclamer*.

Puis, dans une réunion de plus de deux cent mille personnes, *O'Connel*, annonçant la plus glorieuse révolution, porte au Ministère le défi de commencer l'attaque.

Puis, parcourant le pays, il organise des réunions de trois cent mille, même cinq cent mille personnes, qu'il électrise par son éloquence tribunitienne. Tantôt, il s'écrie : « Soyez trois millions, et vous pourrez me demander de *passer outre!* » Tantôt, il déclare *traître au Peuple* quiconque voudrait aller *plus vite* et *plus loin*. (Et il a mille fois raison, car ce sont les impatients, les exagérés, les fous, les vaniteux, les ambitieux, qui perdent ordinairement la cause du Peuple.) Tantôt il caresse adroitement les soldats et les gendarmes envoyés pour le surveiller, en faisant crier au Peuple : *Vive l'armée! vive la gendarmerie!*

Qu'il soit sincère dans ses protestations de dévoûment au Peuple, et l'Europe applaudira à sa prudence, et peu d'hommes auront joué un aussi beau rôle sur la terre !

Cependant, tous les Irlandais qui se trouvent en Angleterre (des centaines de milliers d'ouvriers dans les districts manufacturiers et à Londres, et dix mille soldats outre trente mille disséminés partout) s'agitent ardemment en faveur de leurs compatriotes et font des vœux pour eux.

Le Peuple anglais discute aussi la question. Jusqu'à présent l'Aristocratie a eu l'adresse de l'aveugler, de le lancer contre l'Irlande et de l'enchaîner après s'en être servie pour enchaîner les Irlandais ses frères. Mais aujourd'hui les Chartistes comprennent bien que leur intérêt demande que les Irlandais soient heureux chez eux et ne quittent plus leur pays pour venir leur faire concurrence en Angleterre ; et tandis que les Irlandais se déclarent Chartistes, le Peuple anglais et le Peuple écossais déclarent leur sympathie pour les Irlandais contre leur ennemi commun, l'Aristocratie.

Dans cette situation, que va faire l'Aristocratie anglaise ?

Tout est changé aujourd'hui.

Si l'Aristocratie, ne pouvant compter sur l'appui du Peuple contre l'Irlande, se croit obligée de consentir au rappel de l'Union, c'est une révolution politique et sociale en Irlande et par contre-coup en Angleterre.

Si l'Aristocratie dégarnit l'Angleterre pour envoyer en Irlande les dix mille soldats qui la gardent, c'est une révolution politique et sociale en Angleterre et par contre-coup en Irlande.

Si l'Aristocratie veut comprimer l'Angleterre en y conservant ses dix mille soldats et l'Irlande avec les vingt-deux mille hommes qui s'y trouvent, la lutte y sera terrible, longue et ruineuse. Et si le Canada, l'Amérique, l'Inde, la Chine, veulent profiter des embarras de l'Angleterre... Tout n'annonce-t-il pas, pour ce pays, une grande révolution sociale?

CHAPITRE V.

Etat actuel de la Question sociale EN FRANCE.

Aujourd'hui l'Opposition en France comprend

trois grandes classes, les *Réformistes* ou les *Républicains*, les *Socialistes* et les *Communistes*.

On pourrait dire que l'Association pour la Réforme électorale est une Association *politique*; mais la Réforme politique n'est, en France comme en Angleterre, qu'un *moyen* dont le *but* est la Réforme sociale, dont tous les Démocrates reconnaissent la necessité ; et par conséquent la question de la Réforme électorale est, en réalité, une question *sociale*.

SECTION PREMIÈRE.

Réformistes.

La Révolution de 1789 avait conquis et la Constitution avait consacré, pour les Français, le droit de s'*associer* et de se *réunir* paisiblement et sans armes, de discuter leurs intérêts et de publier leurs opinions.

Alors, à l'imitation des pratiques anglaises, se fondèrent une multitude d'associations, de clubs, de journaux, pour discuter toutes les questions politiques et sociales.

Mais les Thermidoriens, puis le Consulat, puis

l'Empire, puis la Restauration, ne permirent aucune Association, aucune réunion et presque aucun journal populaire, indépendant et libre.

Il n'y eut plus que quelques sociétés *secrètes*, celle des *Philadelphes*, composée de généraux et d'officiers, sous l'Empire, et, sous la Restauration, celle des *Carbonari*, très-nombreuse, composée de bourgeois, d'étudiants et d'anciens officiers.

Après la Révolution de Juillet, plusieurs sociétés s'organisent publiquement à Paris, notamment la société *Aide-toi le ciel t'aidera*, déjà fondée sous la Restauration pour diriger les élections, celles des *Amis de la vérité* et des *Amis du Peuple*, celle des *Droits de l'homme*, celle de la *Liberté de la Presse*, celle des *Secours pour les détenus politiques*, la *Société libre pour l'éducation du Peuple*.—Lyon a sa société des *Mutuellistes*.

Mais, à la honte éternelle des ministres qui veulent réduire la France en esclavage, une loi nouvelle enlève à la France le droit d'Association et de réunion, et toutes ces Sociétés sont détruites en 1834.

Les hommes de juillet et le Peuple, qui sentent

bien que la destruction des Associations et des réunions est la destruction de la liberté elle-même et l'interdiction de tout progrès, veulent résister : mais ils manquent de prudence, de discipline et d'ensemble ; les plus impatients et les plus crédules se laissent entraîner dans les piéges que tendent les agents provocateurs de la Police ; les émeutes partielles de Lyon et de Paris en avril 1834 sont étouffées dans le sang et les ruines ; et le Pouvoir, toujours plus adroit et plus rusé, exploite sa victoire sur une faible division de l'armée populaire pour écraser cette armée tout entière.

Quelques Sociétés secrètes (des *Familles*, des *Saisons*, des *Métiers*, des *Travailleurs*) remplacent alors les Sociétés publiques : mais plusieurs attentats successifs, de *Fieschi* (ancien agent de police et probablement agent des Carlistes) en 1835, d'*Alibaud* en 1836, de *Meunier* en 1837, fournissent un prétexte pour les lois liberticides de septembre et autres contre la Presse et le jury, et fortifient le Pouvoir en enchaînant davantage la liberté.

L'émeute partielle du 12 mai 1839 vient encore sauver le Gouvernement dans un moment où il se trouve comme acculé et aux abois.

Les fabrications clandestines de poudre rue de *l'Oursine* et rue *Dauphine* saisies par la Police, la publication clandestine du *Moniteur républicain* et de *l'Homme libre* découverts et saisis, fournissent encore de nouveaux prétextes pour opprimer davantage.

Ce n'est qu'ensuite, sur la fin de 1839 et au commencement de 1840, que s'organise la Société pour la *Réforme électorale et parlementaire.*

Cette Société a le même but que celle des *Chartistes* en Angleterre, la *Réforme sociale* par le moyen de la *Réforme politique*, la Réforme par les voies légales, par la loi. — Les *Réformistes*, comme les *Chartistes*, demandent le suffrage universel, le droit électoral et d'éligibilité pour tous, une indemnité pour les Députés, etc. Et c'est par voie de *pétitions* qu'ils veulent les obtenir des Chambres et du Gouvernement.

On organise, à Paris, un *Comité central* (à la tête duquel se placent *MM. Laffitte, Dupont (de l'Eure), Cormenin, Arago, Lamennais*, etc.), et dans chaque arrondissement de Paris, même dans chaque quartier, des Comités secondaires. On en organise aussi dans toutes les principales villes des Départements.—Tous ces Comités sont composés presque entièrement de Bourgeois.

Quoique l'organisation de la Société soit publiquement annoncée, les séances des Comités sont secrètes.

On s'y occupe uniquement d'étendre l'Association, de rédiger des pétitions, de recueillir des fonds pour les dépenses d'impression et de correspondance, et de faire signer les pétitions.

Cette opération de la signature est bien plus longue et bien plus difficile qu'en Angleterre, parce qu'on ne peut pas se réunir publiquement, en grand nombre, pour discuter et signer à l'instant en masse sur une foule d'exemplaires ; il faut que les plus zélés quittent leurs affaires pour aller de domicile en domicile. D'ailleurs, le Gouvernement repoussant hautement toute Réforme et traitant les Réformistes de révolutionnaires et d'ennemis, chacun peut craindre les vexations et les persécutions de la Police s'il signe la pétition, et ces circonstances empêchent beaucoup de signatures malgré les efforts de quelques journaux, le *National* et le *Journal du Peuple*, pour encourager à signer.

C'est en vain que, pour exciter l'ardeur Réformiste, on organise des *Banquets* publics, où se trouvent des Députés, des Gardes nationaux, des Citoyens de toutes les classes, notamment celui de *Châtillon*, près Paris, où se réunissent 6,000 Citoyens : la Police, qui s'alarme toujours à la moindre réunion, empêche les Banquets.

C'est à peine si l'on recueille 300,000 signatures. — Et la Chambre ne daigne pas même discuter ces pétitions !

L'idée de l'Association Réformiste était assurément l'une des meilleures combinaisons pour réunir et discipliner tout le Parti démocrate, et pour arriver pacifiquement et légalement à toutes les améliorations ou réformes politiques et sociales ; et si, dès le principe (car tout dépend souvent du premier pas), elle avait été bien organisée, si elle avait été conduite avec prudence, activité, fermeté, elle aurait eu certainement plus de succès que toutes les associations précédentes.

Mais malheureusement sa première organisation

est telle, qu'un Député démocrate (*Garnier-Pagès*) croit pouvoir dire à la tribune que c'est un enfant *mort-né*.

On éloigne la masse populaire, soit en donnant à l'Association un caractère trop bourgeois, soit en s'interdisant les questions sociales, soit en déclarant la guerre aux Communistes, faute inconcevable et capitale !

Une autre faute plus inconcevable encore c'est que, tandis que le Comité central Réformiste ne fait rien ou presque rien contre le projet de BASTILLES, son organe principal, *le National*, les demande et les fait obtenir au Pouvoir, en attaquant tous les Démocrates qui les repoussent comme le meilleur moyen que puisse avoir le Despotisme pour empêcher toutes les réformes.

Puis, une émeute d'ouvriers ou une cessation partielle de travail, puis les attentats *Darmès* et *Quénisset*, qui révèlent quelques petites Sociétés secrètes, donnent au Gouvernement de nouveaux prétextes pour poursuivre quelques Réformistes devant un tribunal correctionnel, qui déclare illégale la Société pour la Réforme; et tous les Comités se dissolvent sans aucune espèce de résistance ni de protestation !

SECTION II.

Socialistes.

Tous les Socialistes reconnaissent le vice de l'Organisation sociale actuelle et veulent réformer la *Société* elle-même pour faire disparaître la misère, pour mieux organiser l'éducation et le travail, pour assurer l'ordre public et le bonheur de la masse. — Tous adoptent le principe de l'*Association*. — Mais on distingue beaucoup de Sectes ou de systèmes.

§ 1. — *Saint-Simoniens*.

Saint-Simon commence à exposer sa doctrine sous la Restauration. — C'est un système d'organisation basé sur le principe de l'*Association*. C'est même une espèce de *Communauté*. Mais, quoiqu'on l'appelle *nouveau Christianisme*, le Saint-Simonisme ne réalise pas l'Egalité et la Fraternité; car chacun y doit être rétribué *selon ses œuvres* et par conséquent inégalement. — La forme de

Gouvernement est une espèce de Papauté et de Théocratie.

Les *Saint-Simoniens* sont peu nombreux et forment une *école*. Ce sont de jeunes hommes instruits qui écrivent, discutent, prêchent.

Ils ont un costume, une maison commune à *Ménil-Montant*, près Paris, un journal, *le Producteur*, puis *le Globe*, des brochures, des réunions et discussions publiques (rue *Taitbout*). Ils parcourent les départements pour exposer leur doctrine dans des réunions plus ou moins nombreuses.

Mais la Quasi-Restauration finit par les poursuivre, les faire comdamner, les dissoudre, et les réduire au silence.

§ 2. — *Fourriéristes.*

Fourrier commence aussi, dès la Restauration, à exposer un système d'organisation sociale, basé sur le principe de l'*Association*. C'est aussi une espèce de *Communauté*. Mais c'est une Communauté bourgeoise qui n'admet ni l'Egalité, ni la Fraternité, car la distribution des produits s'y fait à chacun suivant son *capital*, son *talent* et son *travail*, en sorte qu'il y a trois classes de fortune.

— La Ville y est remplacée par un seul bâtiment appelé *Phalanstère.*

Les *Fourriéristes* sont principalement des bourgeois, des écrivains, des hommes de science ou d'étude.

Ils forment une *école*, publient des écrits, ont des journaux, *la Phalange*, qui paraît trois fois la semaine et qui va, dit-on, paraître tous les jours, et le *Nouveau-Monde*, qui ne paraît qu'une fois par mois.

Ils ont des banquets et des réunions, soit à Paris, soit dans quelques principales villes des départements, pour exposer leur doctrine.

Ils ont fait, à Condé-sur-Vègres, près Versailles, un premier essai qui n'a pas réussi ; ils en font, dans l'ancienne abbaye de *Citeaux*, un second qui paraît n'avoir guère plus de succès ; ils en commencent, dans le *Brésil*, un troisième qui n'annonce pas un plus heureux résultat.

Le Pouvoir n'est pas hostile au Fourriérisme.

§ 5. — *Buchez.*

M. *Buchez*, l'un des auteurs de *l'Histoire parlementaire de la Révolution française*, a aussi un système social, basé sur le principe de l'*Association* et sur le *Catholicisme* ; mais il ne réalise ni l'Égalité, ni la Fraternité, car il veut une rétribution inégale, à chacun suivant ses *œuvres* ou sa *bonne volonté*.

M. Buchez forme une *école* peu nombreuse. Il a eu des réunions dans lesquelles il exposait ses idées. Il les a développées aussi dans un journal, tantôt hebdomadaire, tantôt mensuel, *l'Européen*, et les développe encore dans *l'Atelier*, journal mensuel, publié, sous sa direction, par des Ouvriers.

Ce journal se présente comme l'organe, l'interprète, le représentant *des Ouvriers français* : la vérité est qu'il ne représente qu'une fraction, car il fait la guerre aux Communistes, quoiqu'il sache que la masse des Ouvriers est Communiste; et dans son récent numéro du 31 mars, en faveur du *Clergé catholique*, il avoue que *beaucoup de ses lecteurs désapprouvent sa tendance religieuse*.

§ 4. — *Pierre Leroux*.

P. Leroux veut l'égalité, la fraternité, une modification de la propriété, en prenant pour base une *Religion* ; mais il ne formule ni sa Religion, ni son Organisation sociale. Il forme une *Ecole* qui expose ses doctrines dans des écrits et dans des Revues, notamment dans la *Revue indépendante*.

Ses partisans sont surtout parmi les écrivains et les étudiants.

§ 5. — *Lamennais.*

Après avoir dit que la *Providence maudit les possessions solitaires*, M. de *Lamennais* défend la propriété individuelle, héréditaire, inégale, et combat la Communauté.

Pour lui, la base de tout est une *Religion de l'Avenir ;* mais il ne formule ni Religion, ni Organisation sociale.

§ 6. — *Proudhon.*

Dans un premier ouvrage, sous le titre *Qu'est-ce que la Propriété?* M. *Prudhoon* attaque et condamne cette institution. On attend de lui un second ouvrage qui va paraître, et qui contient son système d'Organisation sociale.

§ 7. — *Louis Blanc.*

Louis Blanc demande l'Organisation du travail et l'Égalité du salaire ; mais son système n'est pas encore définitivement formulé.

SECTION III.

Communistes.

La *Communauté* n'est pas seulement une Association, c'est une Association dans laquelle la *propriété du sol* n'est pas *individuelle*, mais indivise, sociale, nationale, *commune* : voilà son caractère essentiel.

La Communauté était en usage à Sparte, en Judée chez les *Esséniens*, et dans d'autres pays long-temps avant Jésus-Christ. *Jésus-Christ* l'a adoptée, pratiquée et proclamée comme l'Égalité et la Fraternité. — Les Apôtres, les Pères de l'Église, les premiers Chrétiens, l'ont pratiquée et prêchée.

Les *Bagaudes*, les *Albigeois* ou les *Vaudois* se sont insurgés pour reconquérir ses principes.

Plus tard, une foule d'écrivains, notamment *Fleury*, *Fénélon*, *Rousseau*, *Morelli*, *Mably*, *Helvétius*, *Condorcet*, en ont conservé et propagé la doctrine.

Après la Révolution, et dès 1791, l'abbé *Fau-*

chet en a développé les principes dans une Association nombreuse appelée *Cercle social* (1).

La plupart des innovations de la Convention nationale, *l'impôt progressif* et *l'égalité réelle,* consentis par les Girondins, étaient des Réformes sociales qui conduisaient à la Communauté (2).

Babeuf (3) enfin, instruit par *Bodson*, admirateur et ami de Robespierre, la professa formellement, en 1796, dans son journal *le Tribun du Peuple*, et organisa une *Société du Panthéon*, puis des *Égaux*, qui voulant l'établir par une conspiration et par une insurrection, mais qui fut détruite après que *Babeuf* et *Darthé* eurent péri en martyrs, et que *Buonarotti*, *Sylvain Maréchal* et d'autres chefs eurent été déportés ou exilés. *Babouviste* devint alors le premier titre de proscription.

De 1796 à 1830, il ne fut plus question de Communisme. Mais alors *Buonarotti*, rentrant de l'exil, apporta son *Histoire de la conspiration*

(1) Voyez notre *Histoire populaire de la Révolution française*, tome II, page 198.

(2) *Ibid*, tome III, page 459.

(3) *Ibid*, tome IV, page 300.

de Babeuf, en deux volumes, imprimée en Belgique, qui exposait les idées de *Babeuf* et de la Société des Égaux sur la Communauté, idées qui se trouvaient généralement inconnues. *Buonarotti* les expliqua à quelques amis, commença l'*École communiste* et forma quelques disciples, notamment *Ch. Teste*, qui en forma quelques autres. Ce ne fut néanmoins qu'en 1834, dans les prisons, que quelques Républicains ou Démocrates de la Société des Droits de l'Homme, prisonniers ensemble à *Sainte-Pélagie*, étudièrent, discutèrent et adoptèrent les principes de la Communauté. *Lebon* rédigea quelques-uns de ces principes, lithographiés sur des feuillets séparés.

Ces idées, communiquées individuellement, firent peu de progrès jusqu'en mai 1839. Jusque-là elles n'eurent aucun organe. Seulement, *le Réformateur*, fondé en 1835, et rédigé par M. *Raspail*, puis *l'Intelligence*, qui lui succéda en 1837, fondée et rédigée par M. *Laponneraie*, développaient des idées sociales qui conduisent à la Communauté. — Mais les sociétés secrètes des *Familles* et des *Saisons* ne contenaient que très-peu de Communistes, et ceux-ci n'avaient encore que des principes vagues, sans idée d'une vaste organisation nationale communautaire.

Ce fut alors qu'on fit venir de Belgique quelques centaines d'exemplaires de l'*Histoire de la Conspiration de Babeuf*, qui restaient chez l'éditeur, et cette idée se répandit davantage parmi les ouvriers. Ce furent l'émeute du 12 mai et le procès contre ses chefs, *Barbès*, *Blanqui*, etc., qui firent connaître au public l'existence d'une secte nouvelle qu'on désignait sous le nom de *Babouvisme*.

§ 1. — *Babouvisme*.

Babeuf ayant été proscrit et tué sur l'échafaud, le titre de *Babouvisme*, *Babouvistes* fut d'abord un titre de proscription. Ce fut dans un esprit hostile que les ennemis et les adversaires de la Communauté employèrent ces expressions contre ses nouveaux partisans. Ceux-ci les adoptèrent, soit parce qu'ils ne connaissaient que l'ouvrage de Buonarotti, soit parce qu'ils se trouvaient tous alors dans des sociétés secrètes et marchaient sur les traces de Babeuf, soit parce qu'un sentiment de reconnaissance porte toujours le Peuple à rendre honneur à la mémoire de ses martyrs.

Le défenseur de *Barbès* devant la Cour des Pairs avoua formellement que Barbès était *Babouviste*; mais il crut devoir déclarer que, personnellement, il n'adoptait pas cette doctrine ; et l'un des écrivains socialistes, M. *Thoré*, publia contre le *Babouvisme* une brochure répétée par plusieurs journaux.

L'expression *Communisme, Communistes*, fut ensuite adoptée comme plus générale, plus doctrinale, plus philosophique, plus dégagée de toute idée de violence.

Quelques-uns des chefs Réformistes qui se trouvaient en rapport avec les premiers Communistes se dirent Communistes au fond et répandirent même des écrits dans lesquels ils professaient des doctrines communautaires ; mais ils soutinrent qu'il était prudent de ne pas prendre le titre de *Communistes*, de ne s'appeler que *Réformistes*, et de ne parler que de Réforme électorale, sauf, quand on l'aurait obtenue, à s'en servir pour établir légalement la Communauté. C'était peut-être le parti le plus sage, et le Peuple entier l'aurait peut-être adopté s'il avait pu se réunir, discuter et délibérer. Mais d'autres chefs Réformistes repoussèrent durement le Communisme, tandis que d'autres étaient suspects par leurs manières aristocratiques. D'un autre côté, quelques chefs Communistes, qui se croyaient assez forts pour se passer des Réformistes, et qui voulaient diriger eux-mêmes, repoussèrent la Réforme, voulurent marcher immédiatement à la Communauté sans passer par la Réforme, et se déclarèrent Communistes *immédiats* par opposition à ceux des Réformistes qui s'avouaient Communistes *médiats*. C'était la séparation, la division : ce fut une faute et un malheur.

Bientôt les chefs Réformistes, plus nombreux et se croyant les plus forts, repoussèrent les Communistes, leur déclarèrent la guerre et voulurent les perdre dans l'opinion publique et leur imposer silence.

Cependant d'autres Communistes en beaucoup plus grand nombre adoptèrent la Réforme et signèrent la pétition tout en se déclarant Communistes. De là la distinction entre les Communistes *immédiats* ou *ultrà-Communistes* et les Communistes *Icariens*.

§ 2. — *Ultrà-Communistes.*

Les premiers Communistes, peu nombreux, n'étaient que des Babouvistes, approuvant la marche de Babeuf, invoquant son nom, partisans comme lui des Sociétés secrètes et de la force pour établir immédiatement et sans délai la Communauté.

Quelques petits écrits furent publiés avec ce caractère.

L'attentat de *Darmès* fit saisir un *règlement* et révéla l'existence d'une petite Société des *Métiers* ou des *Travailleurs* (qui n'était que la continuation de la Société des *Familles*, puis des *Saisons*).

L'attentat de *Quénisset* fit aussi dire à l'accusateur public, sur la dénonciation de ce misérable, qu'il existait une Société secrète des *Travailleurs égalitaires* ayant des principes communistes.

Un troisième procès fournit encore un prétexte pour présenter les Communistes comme partisans de l'émeute et de la violence, et voici à quelle occasion.

Quelques ouvriers, douze ou quinze, ont l'idée de fonder un Journal communiste sous le titre *l'Humanitaire*, et de se constituer Comité dirigeant et rédigeant. Réunis en secret, ils décident qu'ils professeront le Matérialisme et qu'ils demanderont l'abolition du Mariage et de la Famille. Puis ils dressent un *procès-verbal* de ces décisions. Puis, un jour d'émeute, la Police les arrête dans un cabaret, les accuse d'avoir organisé l'émeute, fait chez eux des visites domiciliaires, trouve et saisit le *procès-verbal*, les fait condamner comme formant une Société secrète, et supprime leur journal dont deux numéros seulement ont paru.

L'opinion de quelques individus, en très-petit nombre, devrait, si l'on agissait d'après la raison et la justice, être indifférente quand il s'agit d'apprécier le Communisme en lui-même ; mais ses ennemis et ses adversaires (même les Réformistes) ont pris prétexte là pour dire que tous les Communistes veulent le Matérialisme, l'abolition du Mariage et de la Famille, les Sociétés secrètes et la violence pour imposer immédiatement la Communauté, tandis que les Communistes Icariens, qui forment la masse des Communistes, adoptent un système tout contraire.

§ 3. — *Communistes Icariens.*

Les *Communistes Icariens* forment l'immense majorité des Communistes en France. — Ils s'appellent ainsi parce qu'ils adoptent les principes de Communauté développés dans le *Voyage en Icarie*; ceux-ci veulent notamment le Mariage, la

Famille, la Propagande pacifique, l'établissement de la Communauté par la puissance de l'opinion publique et par la loi, et repoussent la Société secrète et la violence.

Voyage en Icarie.

Le *Voyage en Icarie*, composé par M. *Cabet*, ex-Député, ex-Procureur-général, pendant son exil de cinq ans en Angleterre, après avoir étudié les opinions de tous les Philosophes (plus de 1000 volumes), est un ***traité complet*** sur la Communauté, qui non-seulement discute les ***principes***, mais qui présente le ***plan*** ou l'organisation d'une vaste Communauté nationale.

Icarie est un pays imaginaire, comme l'*Utopie* de Thomas Morus. — C'est une grande Nation comme la France ou l'Angleterre, qu'on voit se régénérer, se transformer et s'organiser en Communauté. — On voit comment y sont organisés le travail, l'agriculture, l'industrie, l'éducation, le Mariage, la Famille, le logement, la nourriture, le vêtement, les arts, les plaisirs, les fonctions publiques, etc., etc. — En deux mots, voici cette organisation.

système icarien.

La Communauté *Icarienne* est la réalisation de la *Société* que voulait fonder le *Christianisme*.— Elle est aussi la réalisation de la *Démocratie*, de la *souveraineté du Peuple*, de la véritable *liberté*.

Le principe fondamental, comme celui du Christianisme, est la FRATERNITÉ des hommes et des Peuples ou la bienveillance et l'amour fraternel. — Cette Fraternité est, dans la Communauté Icarienne, l'âme de toutes les lois, de toutes les institutions, de toutes les mœurs.—Elle produit l'ÉGALITÉ en tout, en éducation, en nourriture, en logement, en vêtements, en faculté de se marier et d'avoir une famille, en jouissances et en charges, en droits et en devoirs, suivant les besoins et les moyens.

Chacun s'y dévoue ou plutôt travaille pour tous, et tous s'y dévouent ou travaillent pour chacun.

Le territoire n'y est pas divisé en proprietés *individuelles* : il forme une seule propriété, *natio-*

nale, sociale, indivise, commune, exploitée dans l'intérêt de tous, et dont les produits sont employés à la nourriture, au vêtement, au logement, aux besoins de tous.

L'agriculture, l'industrie, forment une seule agriculture, une seule industrie, bien organisées, bien ordonnées.

L'éducation, qui est la même pour tous, forme des hommes, des citoyens, des ouvriers.

Les travailleurs se réunissent dans d'immenses ateliers, salubres, propres, commodes, magnifiques.

Les machines, multipliées à l'infini parce qu'elles profitent à tous sans pouvoir nuire à personne, exécutent tous les travaux périlleux, fatigants, dégoûtants, multiplient la production et créent l'abondance pour tous.

Le travail devient ainsi court, facile, agréable, attrayant.

Les vices et les crimes n'ont plus de cause, plus

de motif, plus d'intérêt; la racine en est extirpée, avec la misère, l'inégalité, l'égoïsme, la cupidité, la concurrence, le désordre et la discorde.

Et ce système Icarien n'a pas pour but le bonheur d'une classe, mais de toutes les classes indistinctement. Il n'invoque, pour s'établir, ni la violence, ni la spoliation, ni l'oppression, mais la discussion, la persuasion, la conviction, la volonté nationale, en un mot la loi; les Communistes Icariens repoussent la Société secrète, l'émeute et l'attentat; ils sont réformistes d'abord, tendent la main à la portion généreuse de la Bourgeoisie qui sympathise avec eux, et fraternisent avec toutes les sectes socialistes, parce qu'elles marchent toutes vers le même but final dans la route de l'amélioration et du progrès.

Aussi, le *Rapporteur* à la Cour des Pairs, dans le procès Quénisset, tout en attaquant vivement le système ultrà-communiste, a-t-il déclaré que le système *Icarien* était SÉDUISANT.

Propaga de icarienne.

C'est en 1840 seulement que *M. Cabet,* revenu d'exil en avril 1839, publie la 1re édition de son

Voyage en Icarie, après avoir publié son *Histoire populaire de la Révolution française*.

Puis, pour développer son traité de Communauté, pour réfuter toutes les objections et les attaques, pour diriger le Peuple dans la Propagande pacifique, et pour défendre les Communistes contre la persécution, il publie un grand nombre de petits écrits (indiqués sur la couverture) et fonde un journal communiste sous ce titre : *le Populaire de* 1841.

. . . .

Ce sont les ouvriers surtout qui deviennent Communistes, et Communistes Icariens.

. . . .

Quoique les fautes de quelques ultrà-Communistes aient fourni des prétextes à la calomnie; quoique les procès, les réquisitoires et les condamnations aient égaré l'opinion publique; quoique la Presse entière, même le *National* et *l'Atelier*, et les chefs Réformistes, aient fait la guerre au Communisme, sans distinction; cette doctrine a fait de grands progrès dans le Peuple, surtout à *Paris*, à *Lyon*, à *Toulouse*, et fait tous les jours de précieuses conquêtes dans la *Bourgeoisie*.

. . . .

Ce serait bien autre chose, et les progrès seraient bien autrement rapides, si, comme les Communistes et les Chartistes anglais, nous pouvions nous associer et nous réunir pour discuter et pétitionner ! Car, jusqu'à présent, les adversaires du Communisme ne l'attaquent qu'en le dénaturant et le calomniant ; ils affectent de confondre les Communistes Icariens avec les ultra-Communistes, et de ne pas même parler du *Voyage en Icarie*, comme s'ils redoutaient son influence et craignaient de le faire connaître en l'attaquant sans pouvoir l'ébranler par de bonnes raisons.

Les ennemis de la Communauté flétrissent les Communistes comme voulant l'abolition du Mariage et de Famille ; mais ils se gardent de dire que personne ne veut aussi réellement que les Icariens le Mariage et la Famille !

Ces ennemis dénoncent la *Société secrète des Communistes ;* on persécute, à Toulouse et ailleurs, les Communistes Icariens, les abonnés du journal Icarien *le Populaire*, les acheteurs de *l'Almanach Icarien*, sous prétexte de *Société secrète ;* mais la vérité est que les Icariens repoussent par principe la Société secrète, et qu'ils ne sont nullement *organisés en société ;* ce sont tout simplement des hommes qui adoptent individuellement la doctrine générale exposée dans le

Voyage en Icarie, dans les brochures accessoires et dans le *Populaire*.

Le Populaire.

Il n'existait aucun journal Communiste quand *M. Cabet* publia successivement le *Voyage en Icarie*, puis la brochure *Comment je suis Communiste*, puis le *Credo Communiste*.

Les ouvriers adoptèrent tellement les principes Icariens qu'ils signèrent, au nombre de plus de seize cents des principaux, une *Adresse* pour l'inviter à fonder le *Populaire*. — Un prospectus fut aussitôt publié, et le premier numéro parut en mars 1841.

Le *Populaire* est moitié *social* et moitié *politique*. Il est moitié *politique* afin de tenir le Peuple au courant des faits politiques, et afin qu'il puisse convenir aux Réformistes ou Démocrates ou Républicains, et les attirer doucement aux doctrines Communistes. — C'est assurément la meilleure combinaison pour la propagande, qui doit chercher ses conquêtes dans le camp des non-Communistes.

La partie *sociale* ne peut pas développer la doctrine en la discutant, parce qu'elle ne peut offrir assez d'espace pour la discussion, et parce que la doctrine est suffisamment développée dans le *Voyage en Icarie* et dans les brochures complémentaires. Cette partie sociale est consacrée au récit de tous les faits sociaux qui intéressent les Communistes, à la courte réfutation des objections qui surviennent, à la défense de la cause et de ses amis contre la persécution, aux avis de direction les plus nécessaires. Les articles sont nombreux, courts, variés, simples, clairs. C'est assurément encore la meilleure combinaison pour les ouvriers.

Le *Populaire* n'a été fondé que dans l'espérance qu'il pourra être *hebdomadaire*, car, si un journal *quotidien* est trop long et trop cher pour les ouvriers, un journal *mensuel* est trop court et trop éloigné. Cependant, il a été commencé mensuellement, en attendant.

Du reste, un journal pour les ouvriers, pour la propagande, et pour une doctrine nouvelle contre laquelle existent tant de préjugés, ne peut, sous aucun rapport, être comparée à aucun des journaux destinés à l'Aristocratie et à la Bourgeoisie : le premier a bien d'autres difficultés à vaincre, bien d'autres obstacles à surmonter, bien d'autres *sacrifices* à faire, bien d'autres pertes à supporter ! Un pareil journal ne peut jamais être qu'une œuvre de dévoûment de la part de tous ceux qui le fondent et le soutiennent.

Pour subvenir à tout, un capital de 30,000 fr., outre un cautionnement de 50,000 fr., est nécessaire.

Pour trouver ce capital, une Société en commandite est fondée par *actions* de CENT fr. et par *coupons* de DIX fr.

Si le Peuple était riche, les actions et coupons seraient pris et payés ; mais malheureusement (et il faut bien se résigner à prendre les hommes tels que la Société actuelle les a faits,) les hommes dévoués ne sont pas riches et les riches ne sont pas dévoués ; ceux qui *voudraient ne peuvent* pas, et ceux qui *pourraient* ne *veulent* pas.

Si les Communistes unissaient leurs moyens, ils pourraient encore quelque chose ; mais malheureusement (et il faut bien s'y résigner encore), quoique tout le monde invoque la nécessité de *l'Union*, trop peu de gens sont assez dévoués ou assez expérimentés pour faire les concessions qu'elle exige ; la présomption, la vanité, l'ambition, ont encore trop d'empire; et les rivalités, les concurrences, ont encore trop de puissance pour fractionner, diviser et paralyser. C'est là la principale cause de l'esclavage populaire.

Tous les Communistes (nous ne craindrons pas de le dire, quoi qu'il s'agisse un peu de nous,) auraient dû s'unir pour soutenir le *Populaire*, parce que c'est le premier journal fondé formellement pour la Communauté, parce que les ouvriers ont demandé sa fondation et pris l'engagement de l'appuyer, parce que son fondateur (connu pour combattre sur la brèche depuis 1815, membre élu du Comité-Directeur de la Charbonnerie en 1822, homme de Juillet, Procureur-Général en 1830, Député en 1831, signalé comme le représentant le plus avancé de la Démocratie dans la Chambre, menacé d'être fusillé pendant l'état de siége, poursuivi pour son *Histoire de la Révolution de 1830* imprimée à plus de vingt mille exemplaires, fondateur du premier *Populaire* tiré à vingt-sept mille, Directeur de l'*Association libre pour l'éducation du Peuple*, exilé pendant cinq ans pour un article en faveur des proscrits Polonais, auteur de l'*Histoire Populaire de la Révolution française* et du *Voyage en Icarie*,) réunissait incontestablement plus de chances de rallier les esprits et de faire réussir un journal Communiste que des ouvriers et des jeunes gens qui n'avaient pas subi tant d'épreuves et qui ne pouvaient pas être aussi généralement connus.

Mais on fonda successivement quatre autres journaux mensuels, dont l'un ne put faire paraître *qu'un seul* numéro, l'autre deux numéros suivis d'un procès, l'autre *trois* suivis aussi d'une condamnation, l'autre *six*, après lesquels il allait succomber si d'autres n'étaient pas venus le continuer pour le laisser périr au bout de dix-sept nouveaux numéros.

Quel bien pouvaient faire des journaux qui ne naissent évidemment que pour mourir? Que de mal l'un d'eux n'a-t-il pas fait pendant sa courte existence!

Indépendamment de la dissémination des ressources déjà trop faibles, comment la *concurrence* n'aurait-elle pas produit tous ses funestes effets? Par cela seul qu'un journal se fonde à côté d'un autre, il emploie nécessairement tous ses efforts pour subsister, pour prospérer; et comme il ne peut avoir des abonnés qu'en les enlevant à l'autre;

journal, il se condamne à tuer celui-ci s'il est possible pour vivre lui-même, en attendant qu'un autre vienne le tuer à son tour.

N'en doutons pas, tout le monde reconnaîtra quelque jour que la création de ces journaux, quand *le Populaire* existait déjà, a été une faute et un malheur. C'est ainsi qu'on a toujours compromis la Cause du Peuple; c'est ainsi qu'on la compromettra tant qu'on marchera dans la même voie.

. . . .

Quoi qu'il en soit, *le Populaire* est aujourd'hui le seul journal Communiste : mais la concurrence l'a empêché de devenir *hebdomadaire*, elle a même paralysé ses ressources et ses moyens, que réduit encore la misère générale

. . . .

D'un autre côté, la Police s'efforce de le paralyser en inquiétant arbitrairement ses abonnés et ses correspondants.

S'il était *hebdomadaire*, s'il pouvait parler tous les huit jours, il braverait les persécutions, donnerait l'exemple du courage et soutiendrait l'énergie de ses sectateurs en joignant la prudence à la fermeté : mais comment se défendre contre des attaques de tous les jours avec un journal qui ne parle qu'une fois par mois?

Et s'il cessait, ne serait-ce pas folie d'espérer qu'un autre journal hebdomadaire ou mensuel, communiste ou démocrate, pourrait prospérer en sa place?

Et cependant il cessera bientôt lui-même, s'il n'a pas incessamment le cautionnement de 30,000 f. nécessaire pour le rendre *hebdomadaire*.

Mais s'il cesse, s'il n'y a plus de journal Communiste, ne sera-ce pas un malheur pour nous qui n'avons pas, comme les Anglais, le droit d'association, de réunion, de discussion orale, pour nous à qui des lois anti-populaires ne laissent aucun autre moyen de protection, de défense, d'avertissement, qu'un journal hebdomadaire?

Ne sera-ce pas un malheur surtout quand les *Bastilles* s'achèvent et s'arment de leurs canons, quand le Peuple a plus besoin que jamais d'être averti et défendu?

Ne sera-ce pas un malheur, quand l'Aristocratie anglaise menace de ravir au Peuple d'Irlande et d'Angleterre le droit de s'associer et de se réunir, et quand on parle de guerre civile et de révolution dans la Grande-Bretagne?

Ne sera-ce pas un malheur, quand tous les Rois

espèrent peut-être que les Bastilles asserviront leurs Peuples par cela seul qu'elles asserviront le Peuple français ?

Oui, nous ne craignons pas de le dire, que ce soit le *Populaire* ou tout autre journal réunissant les conditions nécessaires pour obtenir la confiance, (et nous serions bien heureux personnellement de céder la place à quelqu'un qui pourrait être plus utile), un journal *hebdomadaire*, consacré au Peuple, Socialiste-démocrate ou Communiste prudent, nous paraît la première nécessité d'aujourd'hui, et son absence nous paraîtrait l'un des plus grands malheurs pour la cause populaire en France et pour tous ceux qui comprennent l'influence de la France sur l'Europe.

Que le *Populaire* au contraire paraisse tous les dimanches, et voyez l'incalculable avantage !

Il peut alors appeler tous les écrivains populaires et former un cercle de discussion ; — recevoir tous les articles jugés utiles, de quelleque plume qu'ils viennent ; — doubler, tripler, quadrupler le nombre de ses abonnés, (tous nos renseignements le certifient) ; — enregistrer tous les faits qui constatent le désordre social ; — signaler toutes les vexations, tous les abus de pouvoir, toutes les persécutions dont le Peuple est victime; — soutenir le courage civil ; — réfuter toutes les objections et repousser toutes les attaques des écrivains et de la Presse ; — entrer en correspondance, soit avec les journaux des départements, soit avec les *Associations étrangères*, faire connaître tous les progrès du Communisme en Angleterre, en Allemagne, partout.

Au Populaire *hebdomadaire* pourront se joindre : — une *Revue icarienne*, qui paraîtra chaque mois et qui contiendra des articles plus étendus de doctrine et de discussion ; — un *Cours icarien*, qui sera un véritable cours d'économie sociale et politique dans le système de la Communauté ; — une *Explication des Évangiles*, qui prouvera que le *Christianisme* avait pour but le Communisme ; — un *Almanach icarien*, qui répandra partout la doctrine ; — et toutes les *brochures* qui paraîtront nécessaires.

Le *Populaire* hebdomadaire pourra même organiser un *Conseil de consultation judiciaire*, pour donner aux ouvriers tous les avis et toutes les indications dont ils ont si souvent besoin contre tous ceux qui veulent abuser de leur ignorance et de leur misère.

Redoublant de prudence et de modération, quand il sera hebdomadaire, sans manquer de fermeté, négligeant les personnes pour s'attacher aux principes, il fera tout pour éviter les procès et saura presque certainement les éviter comme il a su les éviter depuis trois ans.

RÉSUMÉ.

En Angleterre, des millions d'hommes (Chartistes, Socialistes, Communistes) demandent la Réforme sociale et la Communauté. — La mesure, qui va fixer le commencement du travail à dix ans pour les enfants, et sa durée à dix heures pour tous les ouvriers, est déja une grande amélioration sociale.

La séparation de l'Église Presbythérienne, en Ecosse, est aussi un grand événément social autant que religieux.

L'Irlande tout entière exige une autre organisation sociale.

En France, tout le Parti démocrate (Réformistes, Socialistes, Communistes) réclame, médiatement ou immédiatement, une Réforme sociale.

La Suisse, l'Allemagne, la Belgique, l'Amérique même, appellent la même Réforme.

C'est aussi la question de la misère et du travail, par conséquent la question sociale, qui agite l'Espagne.

Jamais la Question Sociale n'a plus occupé les esprits, et jamais ceux qui se disent amis du progrès et de l'humanité n'ont eu plus rigoureusement le devoir de discuter cette question.

CABET.

Juin 18[illegible]

TABLE DES MATIÈRES.

Pages.

Observations préliminaires. 5
CHAPITRE I. — Progrès respectif de l'Angleterre et de la France. 7
CHAP. II. — État actuel de la question sociale en Angleterre. 12
SECTION I. — Chartistes. 13
SECT. II. — Ligue contre la loi des céréales. . 27
SECT. III. — Socialistes et Communistes. . . 32
Diminution de la durée du travail. 47
CHAP. III. — État de la question sociale en Écosse.. 41
CHAP. IV. — État de la question sociale en Irlande. 45
CHAP. V. — État de la question sociale en France. 58
SECT. I. — Réformiste.. 59
SECT. II. — Socialistes.. 66
§ 1. — Saint-Simoniens. . . . . id.
§ 2. — Fourriéristes. 67
§ 3. — Buchez. . . , ... 68
§ 4. — Pierre Leroux. 69
§ 5. — Lamennais. 70
§ 6. — Proudhon. . . . . id.
§ 7. — Louis Blanc. . . . . id.
SECT. 3. — Communistes. 71
§ 1. Babouvisme.. 74
§ 2. Ultra-Communistes. 76
§ 3. Communistes Icariens.. 78
Voyage en Icarie. 79
Système Icarien. 80
Propagande Icarienne. 82
Le Populaire. 85
RÉSUMÉ. 94

FIN.

www.ingramcontent.com/pod-product-compliance
Ingram Content Group UK Ltd.
Pitfield, Milton Keynes, MK11 3LW, UK
UKHW031928260826
14628UKWH00003B/1485

9 782016 167212